LOS ATREVIDOS

Cuatro historias para gestionar tus emociones

Elsa Punset

Ilustraciones de Rocio Bonilla

Beascoa

ALEXIA:

¡Los planes de esta niña responsable, curiosa y un poco mandona sacan de muchos líos a **Los Atrevidos**!

TASI:

El hermano pequeño de Alexia es travieso y divertido, y siempre sabe sacar una sonrisa a los demás, ¡incluso en los momentos más difíciles!

FLORESTÁN:

Por las noches, el genial entrenador de emociones llega en su barco y pone a prueba a los niños. ¡Atrévete tú también a ser un campeón en las **Olimpiadas de las Emociones**!

ROCKY:

Cariñoso, leal y un poco gruñón, el mejor amigo de Tasi habla humano por las noches. Y a veces se mete en unos líos…

LOS ATREVIDOS
DAN EL GRAN SALTO

En una pequeña ciudad frente al mar hay una casa con ventanas blancas, y detrás de una de esas ventanas hay una habitación alegre, llena de risas y protestas, y dos niños a los que os quiero presentar…

–Tasi, este pijama te va pequeño. Necesitas uno nuevo –decía Alexia mientras colocaba por enésima vez sus cuadernos nuevos en la mochila.

–¡Uf! –respondió su hermano tirando de las mangas–. No sé qué pasa, mi ropa encoge.

Pero Tasi tiene cosas mejores en las que pensar y empieza a dar saltos en su cama, gritando: «¡Soy el capitán de un barco mágico! ¡Y nada me da miedo!».

–¿Y cuando la enfermera te puso la inyección antes del verano? –le recordó Alexia–. ¡Menudos gritos pegaste! Asustaste a todos los bebés que estaban en la sala de espera.

–¡Hace mucho de eso! Era muy pequeño –contestó Tasi.

–¿Y cuando te subiste al árbol de la casa de Juan y te dio miedo bajar? Su padre tuvo que subir a buscarte con una escalera. ¡Y anda que cuando apagamos la luz de la habitación! ¡Siempre dices que hay un monstruo debajo de tu cama!...

–No, no, ¡solo me da miedo cuando dejas la puerta del armario abierta! –protestó Tasi–. Pero tú también tienes miedo, Alex. ¡No te atreves a quedarte sola en casa ni un minuto! ¡Ni cuando mamá tiene que ir a comprar el pan!

Es cierto. Alexia tiene miedo a quedarse sola. También tiene miedo a las pesadillas, a tener fiebre y a vomitar por si se atraganta…

–Alex, ¿jugamos a ser capitanes de barcos? –preguntó Tasi cambiando de tema. Es su juego preferido.

–No, Tasi. Ya es tarde. ¡Date prisa! Mamá va a subir a apagar la luz –contestó Alexia cerrando su mochila.

–Rocky, escóndete debajo de la cama –ordenó Tasi mientras se acurrucaba debajo del edredón.

Rocky es el perrito más juguetón y cariñoso del mundo. Y, por supuesto, es el mejor amigo de Tasilo. Les gusta dormir con él, pero eso mamá no lo entiende para nada. Esa noche, sin embargo, mamá no se fijó en Rocky, y, después de los besos y abrazos, se despidió de los niños y apagó la luz...

Tasi sabe que es imposible dormir si uno no es capaz de calmar los pensamientos y ruidos que nos llenan la cabeza, pero él tiene un truco.

Cuando llega la hora de dormir, saca una goma invisible y borra cuidadosamente la habitación entera, empezando por una esquina: borra las paredes, la ventana, la voz de su hermana… hasta que se queda dormido. Probadlo, ¡funciona!

Claro que esa noche no fue exactamente como las demás… Esa noche, Rocky empezó a ladrar. «¡Tasi, Tasi, despierta!», parecía que le decía, con todos los pelos de punta, como si fueran agujas blancas.

Tasi abrió los ojos. Tras la ventana ahora abierta de la habitación vio **¡un barco enorme que flotaba en el aire!** El pequeño se levantó maravillado de la cama y, sin pensárselo dos veces, trepó por la escalera de cuerda que entraba por la ventana. Rocky le siguió, como siempre.

El barco se balanceaba y, en el silencio de la noche, la madera de la cubierta crujía... De repente, Tasi se acordó de su hermana.

–Rocky, ¿dónde está Alex? –preguntó, intranquilo.

–Ya sabes que siempre tarda más que tú en dormirse –contestó Rocky, que ahora hablaba como los humanos.

–¿Regresamos a la habitación y la despertamos? –sugirió Tasi.

¡Demasiado tarde! Como si una mano invisible le hubiese dado un em-

3
2
1
4

pujón, el barco empezó a deslizarse suavemente por un mar de nubes... ¿Adónde iban? El barco se elevó hasta una nube altísima. Tasi perdió el equilibrio y resbaló sin poder agarrarse a nada.

–¡Esto se mueve mucho! –gritó–. ¡Socorro! ¡Alexia!

¡Y oyó la voz de su hermana, que se acercaba a toda velocidad!

–¡Esperadme! ¡Eh, eh!... ¡Cuidado! ¡Que no soy de piedra! ¡Que me estáis chafando! ¡Que me hago daño! ¡Más despaciooo...!

Y Alexia aterrizó en la cubierta del barco –¡zapatumba!–, rodeada de un grupo de gaviotas blancas y ruidosas.

–¡Uf! –gritó, despeinada por el viento y con las mejillas rojas–. ¡Qué maleducadas! ¡Me han tirado como si fuese un paquete! Menos mal que os he encontrado. **¡El cielo está lleno de barcos!** ¡Mi pelo! ¿Alguien tiene un cepillo? Pero ¿qué es este jaleo? ¿Qué pasa aquí?

Los niños miraron a su alrededor. ¡Por todas partes había gaviotas ruidosas, con paracaídas a la espalda y grandes gafas amarillas! Aterrizaban como podían, resbalaban, discutían y se gritaban de una punta a la otra. ¡El ruido era tremendo!

Una gaviota aterrizó justo a su lado y pisó a Rocky, que chilló del susto.

–¡Uy! ¡Cuidado! ¡Auuu! –exclamaron Alex, Tasi y Rocky.

–**Pero ¿quién os ha enseñado a volar?** –protestó Alexia–. ¡Qué patosas sois!

La gaviota se levantó, metió su paracaídas en la mochila a toda prisa y se acercó a los niños.

–Me disculpo en nombre de la Organización –dijo resoplando y con una voz algo chillona–. Llevamos poco tiempo practicando el salto en para-

caídas y, claro, en esta noche sin luna no se ve nada de nada... Aunque os advierto que habría sido peor si en vez de gaviotas fuésemos pelícanos –añadió ladeando la cabeza.

–¿Dónde estamos y usted quién es? –preguntó Alexia con los ojos como platos.

La gaviota arqueó sus cejas blancas y se puso tiesa como un palo.

–¡Bienvenidos al BARCO DE LAS EMOCIONES, queridos niños! Hoy

seré vuestro guía, vuestro guía de emociones! –informó–. O lo que es lo mismo: os voy a ayudar a comprender lo que os pasa por dentro. Y es que ya sabéis lo que se dice: «NO EXISTE UN DESAFÍO MÁS GRANDE QUE MEJORARSE A UNO MISMO» –añadió inclinando la cabeza–. Por cierto, ¿es vuestra primera vez?

–¿Primera vez? ¿Primera vez de qué? –preguntó Alexia, que la miraba con los ojos muy abiertos.

–Pues la primera vez en las Olimpiadas de las Emociones, claro –repuso la gaviota–. Esta noche nos toca la prueba del miedo... **El mie-do** –repitió despacio, quitándose las gafas–. Vamos de barco en barco haciendo la prueba a todos los niños. En cuanto pasan la prueba, pueden regresar a casa. Pero basta de charlas, ¡que se nos hace tarde!

–¿Cómo? –protestó Alexia, que siempre tenía que decir algo–. ¡Yo no puedo llegar tarde!

–¿Por qué no? –preguntó la gaviota, algo molesta–. ¿Acaso hay algo más importante que participar en las Olimpiadas de las Emociones?

–¡Mañana es mi primer día de clase! –exclamó Alexia–. ¡No tengo tiempo para olimpiadas! ¿Qué dirá la seño si no voy a clase? ¡Lo tengo

todo preparado! Si llego tarde, todos se preocuparán y me regañarán. Y me dejarán el peor sitio en la clase, atrás de todo, y... –A medida que Alexia iba imaginando lo que le podría pasar si llegaba tarde el primer día de clase, le invadía verdadera angustia.

La gaviota la miró muy seria.

–Señorita Alexia, ¿sabes lo que dicen los grandes sabios? ¡Que debemos aprender a ser dueños y no esclavos de nuestras emociones!

–¿Quién dice qué? ¿Sabes de quién habla? –susurró Tasi a Rocky.

–Ni idea –contestó Rocky.

–Pregúntaselo a ella, a la ga… a la ga… a la gallina –murmuró Tasi.

No hubo tiempo. La gaviota los miró otra vez muy seria.

–Si empezamos ya, podréis regresar a casa a tiempo esta noche. Las pruebas de las Olimpiadas de las Emociones se realizan siempre durante la noche. ¡Los niños tienen que regresar a casa antes del amanecer! Si no, ¡menuda cara de sueño tendrían al día siguiente! Pero si seguís protestando, no avanzaremos. ¿Estamos de acuerdo, entonces?

Los niños y Rocky asintieron con la cabeza, y la gaviota añadió:

–Bien, antes de hacer la prueba del miedo, tenemos que rellenar... a ver... esta hoja... –Rebuscó en su mochila y sacó un papel rojo.

–¿Vuestros miedos más recientes? –preguntó levantando el lápiz.

–**¡Yo nunca tengo miedo!** –aseguró Tasi, muy serio.

–Así no vamos a ninguna parte –advirtió la gaviota con voz áspera.

–¿Para qué quiere saberlo? –preguntó Alexia.

–Para elegir la mejor prueba del miedo para vosotros, por supuesto –contestó la gaviota.

–Es que no tengo mi... miedo –repitió Tasi, tozudo.

Alexia le interrumpió:

–Bueno, llora cuando le ponen inyecciones.

–Tasilo: miedo a las inyecciones –anotó la gaviota.

–¡Entonces era muy pequeño! –protestó Tasi, malhumorado.

–A veces no se atreve a bajar de los árboles, y también tiene miedo a los monstruos de debajo de la cama –continuó Alexia.

–Tasi: miedo a las inyecciones, miedo a los monstruos de debajo de la cama y miedo a las alturas –repitió la gaviota–. Aquí nuestra prueba estrella encaja de maravilla –murmuró para sí misma con una media sonrisa.

–Ah, ¡pues tú también tienes miedo, Alex! **¡Nunca quieres quedarte sola en casa!** –protestó Tasi, indignado.

–Alexia: miedo a quedarse sola –apuntó la gaviota rápidamente.

–Los humanos son un poco miedicas... –Rocky tosió discretamente para suavizar la tensión.

–Pero, Rocky, ¡qué morro! ¡Si tú te pegaste un susto enorme en el parque con una simple bolsa de plástico! –exclamó Tasi riendo a carcajadas.

–Es que creí que era el perro del vecino, y como tiene tan mal carácter... –explicó Rocky.

–Rocky: miedo a las bolsas de basura –le interrumpió la gaviota–. Bueno, pues ya está todo claro. Podemos pasar a la prueba.

Y, con mucho orgullo, y casi gritando, la gaviota anunció:

–Señoritas, señoritos, perros y demás: la Organización Estelar de

las Olimpiadas de las Emociones (conocida en el mundo entero como **OéOé**) os propone participar en su prueba estrella para ser campeones del miedo: ¡el salto en paracaídas!

–**¿Eh? ¿Qué? ¿Cómo?... ¿Saltar en paracaídas?**–exclamaron ellos–. **¡Ni hablar! ¡De ninguna manera!**

–Pero, chicos, saltar en paracaídas está de moda… –aseguró la gaviota–. ¡Y hoy tenemos unas condiciones tan maravillosas, con este cielo magnífico, despejado y tan lleno de estrellas!

La gaviota miró con orgullo a su alrededor. En un rincón del barco, un grupo de compañeras estaba ya preparando la prueba...

–**¡Pero saltar en paracaídas da mucho miedo!** –dijeron los niños.

–¡Precisamente! –replicó la gaviota–. Las Olimpiadas de las Emociones sirven para experimentar cada emoción intensamente, ¡para aprender a manejarlas como campeones! ¿Qué mejor ocasión que saltar en paracaídas para enfrentarse al miedo? ¡Vais a participar en nuestra prueba estrella!

–¿No hay otra prueba que podamos hacer, señora Gaviota? –preguntó Rocky, tan tímido que parecía que tosiera.

La gaviota soltó un graznido y revisó sus notas.

–Bueno, con estos ingredientes...Veamos, miedo a las bolsas de plástico... Qué puedo decir, no es un miedo habitual... Para superarlo, podríamos pasar unas horas a la deriva en una montaña de basura interestelar... ¿Miedo a los monstruos que se esconden debajo de las camas? Ese miedo, en cambio, es de lo más corriente, y se vence examinando y limpiando los bajos de todas las camas del hotel más grande de la ciudad. Son unas mil doscientas. Aunque vamos un poco mal de tiempo, así que tenéis que decidiros de inmediato. Porque queréis regresar a vuestra casa antes del amanecer, ¿verdad? –Y les volvió a mirar fijamente.

–¿Qué nos aconseja usted? –preguntó tímidamente Alexia.

–Yo os aseguro –contestó la gaviota– que es **mejor un buen susto y aprender de una vez por todas a enfrentarse al miedo que andar arrastrándose una vida entera.** Pero vamos, que si no hay agallas, me ofrezco a hablar con mis compañeras y apañaros otras pruebas del miedo en plan limpieza de camas o isla de basura interestelar. Pero, claro, no esperéis milagros. Perderéis el miedo a las bolsas de plástico y a los monstruos de debajo de las camas, pero nada más, me temo. Y, por supuesto, no podréis llevaros la medalla de oro que damos a nuestros campeones.

–**¿La medalla de oro de los campeones?** –repitió Tasi con los ojos brillantes–. ¿Me dará esa medalla si salto en paracaídas?

–Si saltas correctamente, desde luego que tendrás esa medalla –aseguró la gaviota–. Entonces, ¿ya lo tenéis claro?

Los hermanos intercambiaron una mirada rápida.

–Sí, lo tenemos claro –dijo Alexia–. Vamos con el salto en paracaídas.

–Os felicito. Es sin duda la elección adecuada –zanjó la gaviota–. Unos chicos muy valientes. ¡Sois unos atrevidos!

–¡Atrevidos! ¡Claro! ¡«Atrevidos» empieza con la **A** de Alexia! –exclamó la niña.

–¡Y lleva la **T** de Tasi! –añadió su hermano.

–¡Y la **R** de Rocky! –ladró el perro.

–**¡ATREVIDOS!** –gritaron los tres a la vez.

–**¡LOS ATREVIDOS!** ¡Me gusta! Voy a preparar el salto. Recoged vuestras gafas y esperadme aquí –les pidió la gaviota.

Los niños y Rocky esperaron sentados en el borde de una nube mientras las gaviotas pasaban rozándoles. Alexia, como siempre, no podía dejar de hablar:

–¡Qué chulo es esto! Siento un cosquilleo en el estómago. ¡Qué miedo, pero qué chulo! ¡Voy a respirar profundamente para relajarme...! Así... Así... –Y respiró profundamente–. ¿Qué te pasa, Tasi?

Tasi la había agarrado por el brazo y con la otra mano le señalaba algo allí abajo. Alexia se inclinó cuidadosamente hacia adelante. Bajo sus pies había montones de nubes, y, a lo lejos, se veían valles y montañas verdes.

Y junto al mar podían distinguir la pequeña ciudad donde vivían y donde les esperaba su cama...

–¡¡¡Oh!!! –exclamó–. ¡Qué bonito! Parecen campos de nubes. ¿Crees que podríamos correr y saltar por encima?

La voz decidida de la gaviota, que estaba justo detrás de ellos, la sacó de su ensoñación.

–¿Preparados, Atrevidos? –dijo.

–No –contestó Tasi.

–No es una pregunta, es una orden –susurró Alexia a su hermano. Y añadió tímidamente mirando a la gaviota–: Disculpe, y después de saltar, ¿cómo llegaremos a nuestra cama?

A veces, cuando estaba nerviosa, Alex se liaba y pensaba en cosas que iban a pasar muuuuucho después.

–Está todo calculado, queridos niños –aseguró con paciencia la gaviota–. Si saltáis bien, sin desviaros y con valentía, aterrizaréis directamente en vuestra cama. Ah, y por cierto, os quedaréis dormidos al instante. Mañana por la mañana puede que recordéis la prueba y puede que no. Eso ya depende de cada niño. Las gaviotas no nos hacemos responsables de este tema –añadió.

–Y entonces **¿quién me dará la medalla de campeón?** –preguntó Tasi, un poco desconfiado.

–Calma, calma, ¡que todavía no has saltado, jovencito! –contestó la gaviota–. ¡Si saltan como saben que deben saltar y sin la nariz aplastar, los buenos saltadores medallas recibirán! –Y cacareó de gusto con su gracia.

Poniéndose seria de nuevo, les apremió:

–Bueno, qué, ¿saltamos ya?

–Solo una cosa más –dijo Alexia–: ¿volveremos a vernos?

–¡Naturalmente! –contestó la gaviota–. ¡Soy vuestra entrenadora de emociones! Y en emociones ¡hay que entrenarse toda la vida!

–Pues al menos díganos cómo se llama... ¡No nos ha dicho su nombre! –dijo tímidamente.

Sorprendida, la gaviota dijo:

–¡Uy, qué despiste! ¡Soy Florestán, por supuesto! ¿De verdad no os lo había dicho? –dijo la gaviota–. Y, por cierto, dejad de hablarme de usted. –Y añadió–: Antes de saltar, vamos a hacer el chequeo del miedo:

–¿Tenéis las manos frías?

–¡SÍ! –exclamaron los niños.

–¿Y el corazón os late con tanta fuerza que hasta podéis oírlo?

–¡Yo lo tengo casi en la boca! –aseguró Rocky.

–¿Y tenéis una sensación rara en el estómago, como un nudo?

Todos dijeron que tenían un nudo enorme.

–¡Magnífico! –dijo Florestán–. ¡Eso es porque tenéis miedo! ¡Se os ve pálidos y más asustados que un elefante ante un ratón! Pues debéis saber que estáis en un momento excelente para descubrir algunas cosas que se pueden hacer para tener menos miedo. ¿Se os ocurre alguna?

–Yo me sé un chiste –dijo Tasi–. ¿A que no sabéis qué es lo que más miedo le da a un vampiro?

–¡Tonterías! –protestó la gaviota.

–No, en serio, ¿qué es lo que más miedo le da a un vampiro? –insistió Tasi–. ¡Pues ir al dentista, claro! –Y empezó a reír–. **Cuando tengo miedo, a mí me ayuda pensar en algo divertido** –aseguró.

–Vale, aceptado –decidió la gaviota–. Lo importante es que cada niño encuentre sus trucos.

–Se me ocurre otra cosa –dijo Tasi–: en Navidad podría pedir una linterna plana y guardarla debajo de mi almohada, por si tengo miedo a la oscuridad.

–Y si movemos tu cama un poco a la derecha, no veremos las sombras que arroja el árbol por la ventana –sugirió Rocky.

–¡Excelente! –aplaudió la gaviota–. Eso es lo que los expertos llamamos un «plan antimiedo».

–Pues yo, cuando tengo miedo de noche, imagino que estoy flotando en una nube muy suave, o que estoy tumbada en la arena calentita de una playa preciosa… –dijo Alexia–. Respiro profundamente, pienso que mis pulmones son globos grandes y los lleno de aire hasta arriba. Luego suelto despacito el aire… ¡y el miedo sale como un humo oscuro por mi boca! Este truco me lo enseñó mamá y me gusta mucho.

La gaviota estaba encantada.

–Chicos, aquí hay madera de campeones. ¡Que cada uno utilice su truco antimiedo antes de saltar! Y una vez en el aire, tirad de la cuerda roja.

Y ordenó firmemente:

–Saltamos en 5, 4, 3...

Alexia agarró la mano de Tasi respirando profundamente.

–Tranquilo, ¡salta conmigo! –le dijo mirándole a los ojos.

–... 2, 1, ¡¡¡YA, SALTAD, ATREVIDOS!!! –gritó la gaviota.

Y saltaron.

Bueno, en realidad saltaron los niños, porque Rocky se quedó paralizado de miedo.

–¡Rápido! –gritó la gaviota–. ¡Hay que saltar! ¡Está amaneciendo!

Y, muy resuelta, empujó con su pata a Rocky quien, muy asustado, se agarró rápidamente al cuello de Florestán... ¡y los dos salieron volando por los aires!

Los niños extendieron los brazos y las piernas y después tiraron de las cuerdas rojas que colgaban de sus paracaídas, mientras veían cómo la tierra se acercaba a toda velocidad.

–¡Rocky! –gritó Alexia–. ¡No puedes aterrizar de cabeza! ¡Suelta ya a Florestááán!

Allí a lo lejos se hacía grande su casa, su ventana, su cama...

¡¡¡SSSSShiuuuuuuuuuuuu... PAM!!!

Cuando amaneció en la ciudad blanca cerca del mar, a Tasi le despertó la voz de su hermana.

–¡Tasi, Tasi, despierta! –repetía Alex.

Tasi murmuró algo y se volvió hacia el otro lado de la cama.

–¡Despierta, Tasi! ¿Has oído lo que te he dicho?

–Es posible... –dijo Tasi muy flojito–. Sí, estoy completamente de acuerdo contigo, Alexia. –Y siguió durmiendo.

–Tasi, tienes que escucharme, **¡mira debajo de tu almohada!**

Al fin Tasi se despertó, frotándose los ojos.

–Alex, ¿sabes qué? –exclamó recordando–. Estaba soñando que estábamos en un barco y había una gaviota que llevaba un paracaídas y...

–Sí, sí, Tasi –interrumpió Alexia–. ¡Pero mira debajo de tu almohada!

Tasi pasó la mano debajo de su almohada. ¡Había algo redondo y liso!

–Entonces... ¿tú crees que...? –preguntó mirando a Alexia con los ojos muy abiertos.

¡A Alexia no le cabía la sonrisa en la cara! Mientras, al pie de la cama, Rocky dormía a pierna suelta con el pelo completamente enmarañado y despeinado, ¡como si acabara de aterrizar de un gran salto en paracaídas!

Pero nada de eso había pasado esa noche... ¿o sí?

¡Hasta pronto, ATREVIDOS!

Taller de emociones: el miedo

El miedo es una de las emociones básicas más poderosas. ¿Sabes por qué? Cuando nacemos, nuestro cerebro ya está programado para sobrevivir y el miedo nos advierte del peligro. ¡Actúa como una señal de alarma que se dispara ante cualquier amenaza!

¿Cómo se dispara el miedo? La central de alarma del miedo reside en la amígdala de nuestro cerebro. Cuando la amígdala identifica una amenaza, nuestro cuerpo se prepara para paralizarnos, huir o agredir para protegernos.

El miedo se deja sentir en cuerpo y mente. Aunque el cerebro coordina la respuesta al miedo, el cuerpo también responde: el corazón se acelera, respiramos más deprisa, sudamos...

¿Estrés o ansiedad? El miedo genera estrés, que nos pone en guardia y es útil para sobrevivir. Pero el miedo excesivo se convierte en ansiedad, ¡y eso nos daña!

Hazlo tú mismo

Plan antimiedo. Tasi y Alexia (¡a diferencia de Rocky!) hicieron un buen plan antimiedo antes de enfrentarse a ese salto que tanto les preocupaba. Seguro que tu hijo querrá tener también el suyo propio para combatir sus miedos. Pregúntale qué cosas podrían ayudarle a sentirse más seguro y ayúdale a concretar su plan y, después, a practicarlo. **¡Charlad, escribid, dibujad, y acordad un buen plan antimiedo!**

LOS ATREVIDOS
EN BUSCA DEL TESORO

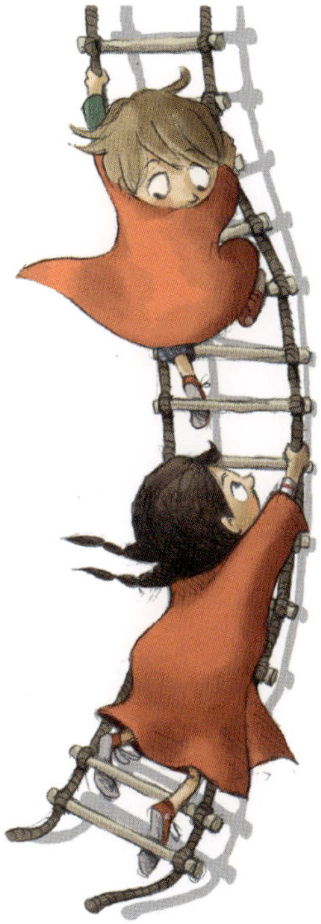

Hay noches cálidas en las que las estrellas brillan y apetece quedarse en la calle a jugar... Y noches frías en las que la luna esconde su cara y no quiere asomar. ¿Qué noches os gustan más?

La noche que hoy nos ocupa era una noche fría, perfecta para quedarse en casa con un chocolate caliente o para acurrucarse en la cama escuchando un cuento...

–¡Ay, Tasi! –suspiró Alexia mirando el cielo desde la ventana–. ¡Qué noche tan negra!

Su hermano no contestó. Estaba concentrado abrochándose el pijama con mucho esfuerzo, como suele pasar cuando tienes cinco años...

–**Tasi, mírame, ¡que te estoy hablando!** –se quejó Alexia.

–¿Por qué estás tan enfadada hoy? –protestó su hermano–. Desde que hemos vuelto del cole no has querido jugar conmigo, te has comido la última galleta de chocolate y encima te has reído de Rocky. Que sepas que a él le ha dado mucha pena...

A Rocky esa mañana el peluquero le había cortado el pelo y, la verdad, se había pasado mucho... ¡Parecía un caniche! Se sentía ridículo y había estado la tarde entera escondido detrás del sofá, sin querer jugar. Ahora apenas asomaba el pompón de su cola debajo de la cama de Tasi.

De repente, Alexia se sentó en su cama y se echó a llorar. Tasi la miró con los ojos muy abiertos sin saber qué hacer.

1

–**¡Es que todo me sale mal!** –decía Alexia mientras lloraba.

–¿Por qué dices eso? –preguntó Tasi, muy sorprendido. Y es que a él le parecía que a las niñas de ocho años casi todo les salía bien.

–¡Pues porque soy muy bajita! ¡Y en gimnasia los capitanes de baloncesto no me quieren en sus equipos! Me dejan esperando hasta el final mientras eligen a todos los más altos. ¡A mí me llaman «enanita»!

Tasi miró a su hermana con pena. Es terrible cuando los demás niños se burlan de ti...

–A mí tampoco me ha ido bien el día... –Tasi suspiró–. Me han dicho que hablo como un bebé. Y solo porque no me salen bien todas las palabras. No he sabido decir **«picsa»**.

–¿Eh? ¿Qué no sabías decir? –preguntó Alex, con los ojos aún llenos de lágrimas.

–**¡Lo que comemos en casa cuando no hay cole, la cosa redonda que sale del horno, con tomate y queso!** –dijo Tasi, nervioso.

–¡Ah!... Pizza. Sí, esa palabra siempre te cuesta. Pero ¿por qué hablabais de eso?

–La seño nos ha preguntado nuestras comidas preferidas. Y también he dicho **«cor... corque... corqueta»**.

Alexia sonrió.

–Croqueta, Tasi.

–Pues todos se han reído de mí –continuó Tasi sentándose en la cama de su hermana–. La seño les ha dicho que pararan, pero no han parado.

Luis Gafín me ha perseguido por el patio diciendo: «¡Bebé, bebé, hablas como un bebé!».

Tasi se puso rojo al recordarlo. Alexia se secó las lágrimas y rodeó a su hermano con el brazo.

–**Yo te ayudaré**, Tasi. Pronto hablarás bien, ya verás. Si quieres, jugamos al juego de decir palabras difíciles. Yo empiezo: **pár-pa-do... Me-lo-co-tón...**

Alexia se sabía un montón de palabras difíciles, y los hermanos jugaron un rato hasta que mamá asomó la cabeza por la puerta para recordarles que hacía ya rato que deberían estar dormidos.

–Bueno, Tasi –bostezó Alexia–, ya casi sabes decir «melocotón» y «párpado». Ahora toca dormir. Si quieres, nos metemos en una nube, cerramos los ojos y soñamos que estamos flotando en el cielo...

Y como estaban cansados, se durmieron enseguida... Pero aquí no se acaba esta historia, no, sino que justamente acaba de empezar... Porque cuando la noche estaba tan silenciosa que se podía oír cualquier pequeño ruido, de repente sonaron unos picotazos muy ligeros en el cristal de la ventana... Era algo así:

Tac tac... tac tac...
tac tac... tac tac tac...

(Podéis hacerlo con la uña, suena casi igual que un picotazo.)

¿Adivináis quién era?

Alexia, Tasi y Rocky siguieron durmiendo sin enterarse de nada... Entonces, al otro lado de la ventana, se encendió una linterna que fue dibujando caminos de luz en la habitación hasta detenerse en la cara de

Alexia. Deslumbrada, ¡se despertó de repente! Corrió a la ventana y la abrió. **¡Era Florestán, la gaviota de las emociones!**

–¡Buenas noches, querida niña! –saludó la gaviota con una reverencia.

–**¡Florestán!** –gritó Alexia, feliz y sorprendida–. **¡Qué alegría volver a verte!**

La gaviota sonrió encantada.

–Vengo a despertaros porque habéis sido seleccionados para participar

una vez más en las famosas pruebas de la Organización Estelar de las Olimpiadas de las Emociones que, como bien sabes, llamamos cariñosamente **OéOé... ¿O es que nos habías OéOé-vidado**? –Y Florestán se rio de lo lindo porque su broma le pareció muy divertida.

–¿De verdad que esta noche vamos a estar de nuevo en las **OéOé**? ¿Y volveremos al barco y habrá paracaídas esta vez...?

La gaviota la miró con cariño y levantó el ala para interrumpirla.

–¡Espera un poco, jovencita! Despertemos primero a Tasi y a Rocky, subamos al barco y, camino de la prueba de esta noche, os lo contaré todo. ¿Comprendido? ¡Vamos, vamos! ¡A toda popa, mala tropa! –dijo dando palmas con las alas. ¡Y de nuevo se rio a carcajadas con su ocurrencia!

¡Dicho y hecho! En un abrir y cerrar de ojos, estaban navegando por las espesas nubes a toda velocidad. La cubierta del barco estaba llena de gaviotas ocupadísimas preparando misteriosas cajas, cuerdas y comida...

–Qué bien, ¡comida! –exclamó Rocky relamiéndose.

-Qué bien, ¡cuerdas! –dijo Tasi frotándose las manos.

–¡Mis queridísimos Atrevidos! –los interrumpió Florestán mirándolos cariñosamente.

Los niños sonrieron. Desde la aventura del gran salto se habían convertido oficialmente en LOS ATREVIDOS.

–¡A de Alexia! –exclamó la niña.

–¡T de Tasi! –continuó Tasilo.

–¡R de Rocky! –ladró el perro.

–**¡ATREVIDOS!** –gritaron los tres a la vez.

–Mis queridos ATREVIDOS –repitió Florestán–, hoy vamos a intentar ser campeones en algo importantísimo: en quererse a uno mismo.

–¿Eh? –dijo Tasi.

–Es decir, campeones en saber cuidar del tesoro que llevamos dentro –explicó la gaviota.

Tasi se echó a reír.

–**Yo dentro solo llevo barriga, huesos y *drientes*** –aseguró.

–**Dien-tes**, Tasilo –le susurró Alexia.

La gaviota los miró muy seria.

–Error –corrigió–. Además de dientes, huesos y todo lo demás, cada niño nace con grandes cantidades de risas, cariño y ganas de ayudar a los demás. Y hoy vais a necesitar esto más que nunca, porque la prueba de esta noche es una arriesgada operación de rescate. –Florestán sacó un papel que llevaba bajo el ala y leyó:

Se buscan niños para operación de rescate peligrosa. Poca comida. Frío extremo. Largo tiempo de completa oscuridad. Peligro constante. SI REGRESAN SANOS Y SALVOS, SE PROMETE CAJA CON EL MEJOR TESORO DEL MUNDO EN SU INTERIOR.

–¿Eh? –dijo Tasi, muy interesado–. ¿Una caja? ¿Con un tesoro?

–¿Poca comida? ¡Lo que faltaba! –protestó Rocky.

–**¿A quién hay que rescatar?** –preguntó Alexia.

–Un grupo de valientes exploradores están intentando atravesar el Polo Sur –explicó la gaviota–. Pero como aquí todo es blanco y las nubes se mueven mucho, es muy fácil perderse, ¿comprendéis? –Se inclinó hacia los niños, guiñó un ojo y esperó. Pero como la miraban sin decir nada, levantó los ojos al cielo, se puso tiesa y explicó–: En dos palabras: se han perdido.

Tasi levantó la mano.

–¿Sí? –dijo la gaviota, esperanzada.

–Eso son tres palabras –dijo Tasi contando con los dedos.

La gaviota suspiró.

–Pero ¿qué podemos hacer nosotros? –preguntó Alexia.

–Cada niño tiene algo especial, un tesoro, que le sirve para ayudar a los demás. Hasta ahora hemos tenido todo tipo de niños en nuestras operaciones de rescate: niños que cantan bien, niños que tocan el piano, niños que son excelentes ordenando, otros que saben

leer estupendamente, niños que saben despiojar a sus hermanos, niños que pelan patatas, que por cierto hacen magnífica pareja con los niños que saben hacer una tortilla, y también niños que escriben, que recitan buenos poemas, que saben bendecir la mesa, que pueden encender velas, que saben planchar sin quemarse, coser un botón, peinar a los más pequeños, cortarse las uñas o dar masajes en los pies…

Hay niños para todo, y así las expediciones de rescate funcionan maravillosamente. Bien, pues para hacer la prueba de hoy, necesito saber cuál es vuestro tesoro. –Y añadió–: Disculpad un momento, necesito recuperar algo importante para esta misión…

La gaviota se alejó. Los niños y Rocky se miraron.

–Alex, ¿cuál es mi tesoro? –preguntó Tasi muy bajito.

–Haces muchas cosas bien, Tasi... Yo, en cambio, creo que soy demasiado bajita para poder ayudar a los exploradores –contestó Alexia, un poco triste.

–Pues anda que yo, con el pelo tan corto, no sé en qué puedo ayudar... ¡Si no consigo dejar de temblar de frío! –remató Rocky con los dientes castañeteando.

Florestán regresó con una misteriosa caja de cartón bajo el ala.

–Empecemos. ¿Cuál es tu tesoro, Tasilo? –preguntó.

Tasi no supo qué contestar.

La gaviota le miró impaciente.

–Vamos, vamos –dijo–. ¡Es una pregunta muy fácil de contestar!... ¿Qué haces bien?

–Nada especial –dijo Tasi tímidamente.

–No, no –protestó la gaviota–. ¡Eso sí que no! Cada persona, sea quien sea, tiene un tesoro, algo especial que hace bien y que puede regalar a los demás. A los mayores a veces se les olvida su tesoro especial. Pero tú eres demasiado pequeño para haberlo olvidado.

–Tasi tiene una forma de reír que contagia y siempre alegra a todos –dijo Alexia rápidamente.

—¡Excelente! —se animó Florestán—. Nada mejor que una buena risa para dar fuerzas en tiempos difíciles. ¿Y tú, Alexia? ¿Cuál es tu tesoro?

—Lo siento, pero yo soy tan bajita que no creo que pueda ayudar en nada —contestó Alexia mirando la punta de sus zapatos.

—Tonterías —dijo la gaviota—. No te necesitamos para jugar al baloncesto. Te necesitamos para un rescate. Un res-ca-te —repitió.

—**Alexia es la mejor hermana mayor del mundo.** Siempre tiene ideas geniales —dijo Tasi—. Podría ser la jefa del equipo.

—¡Perfecto, excelente! —aplaudió la gaviota—. Andábamos un poco justos de jefes. ¿Y Rocky?

–Rocky tiene un oído increíble –apuntó Alexia, que se estaba animando–. Pero le han cortado demasiado el pelo y no para de temblar, así que esta noche necesitará un abrigo.

–¡Qué buena jefa eres! –exclamó Florestán mirando a Alexia con admiración. Y, dando unos graznidos, llamó a las demás gaviotas, que en pocos segundos vistieron a Rocky con un buen abrigo. Entonces Florestán dio sus instrucciones finales:

–El barco nos está llevando hasta el Polo Sur –explicó–. Cuando lleguemos, desembarcaréis y saldréis a buscar a los exploradores. Y cuando los encontréis, pedid ayuda al barco con estas linternas rojas.

–**¿Cómo?**–preguntaron todos a una.

–Haced tres luces cortas, luego tres luces largas y otra vez tres luces cortas. Esto es como decir «¡Socorro, auxilio, necesito ayuda!».

–¿Pero cómo vamos a encontrar a los exploradores? –preguntó Alexia–. **¡Somos niños pequeños!**

–Para empezar, os vamos a dar capas mágicas para el frío. Son de lo mejorcito, os lo aseguro. No os las quitéis, pase lo que pase.

–¿Y si eso no basta? –insistió Alexia.

–Si eso no basta, tendréis que utilizar lo que hay aquí dentro –dijo la gaviota mostrándoles la misteriosa caja de cartón que llevaba bajo el ala. Todo lo que necesitáis está aquí.

–¿En una caja tan pequeña? –preguntó Tasi con los ojos muy abiertos.

–Desde luego –aseguró Florestán–. Es pequeña, pero en ella cabe un tesoro.

En ese momento sonó una sirena larga y grave.

–Hemos llegado –anunció Florestán–. Ya podéis bajar. ¡Buena suerte!

Alexia se asomó y vio una escalerilla de cuerda preparada para bajar a tierra firme. Parecía muy frágil y se movía peligrosamente por el viento.

Descendieron con cuidado y, una vez en el suelo, se ataron entre ellos, pasándose la cuerda por la cintura. Así podrían caminar en fila india sin miedo a perderse en la nieve durante la ventisca.

Caminaron con esfuerzo, muy lentamente, apoyándose en los grandes palos de madera que les habían dado las gaviotas. El paisaje era increíble: estaban rodeados de montañas, de muchas montañas, y el viento hacía uuuuuuuuuh...

–**Grita sin voz... Vuela sin alas... Muerde sin dientes... Murmura sin boca. ¿Qué es?** –preguntó Tasi.

–El viento –contestó Alexia–. ¡Tú siempre con ganas de broma, Tasi!

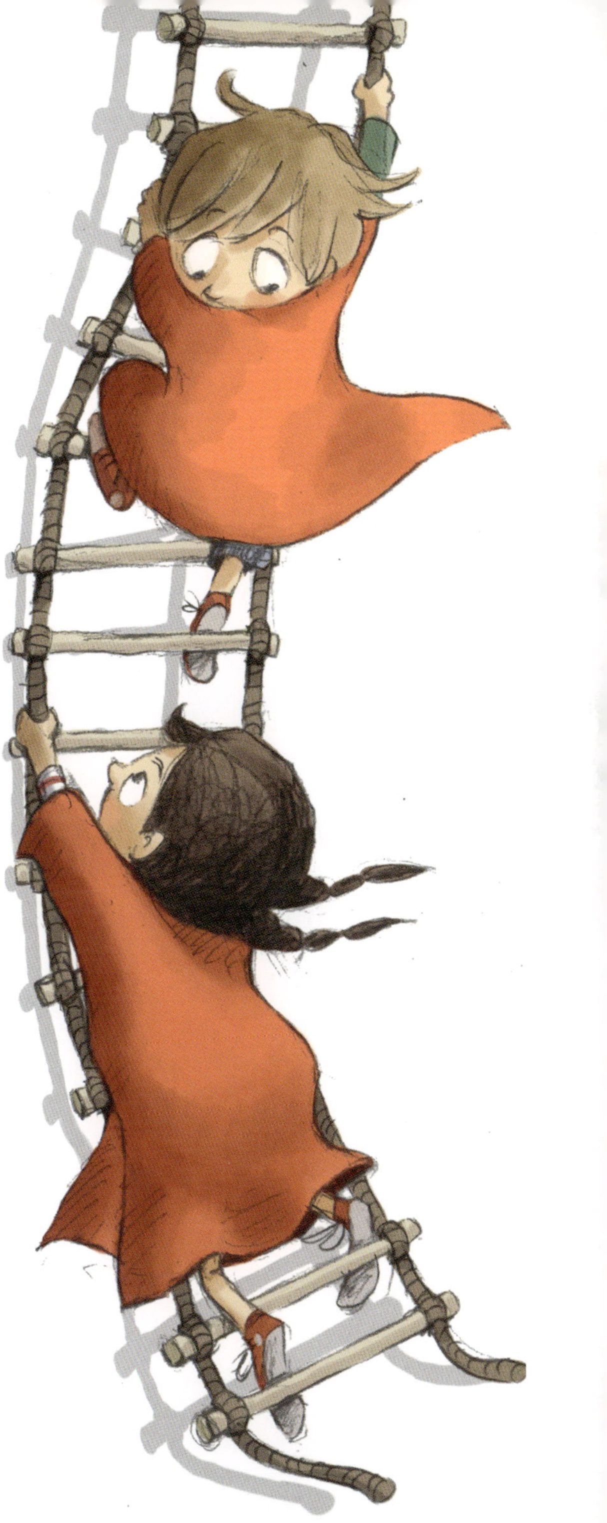

Caminar resultaba cada vez más difícil y cansado. Los pies se hundían en la nieve y estaban exhaustos. Al cabo de un rato tuvieron que pararse a descansar.

–Rocky se hunde en la nieve y apenas logro verle –dijo Tasi con preocupación.

–¿Y si le ponemos una linterna en el pompón de la cola? –propuso Alexia–. Una vez me contaron que el último camello de las caravanas en Australia lleva una así, en la cola. De esta manera no le perderemos de vista.

–Nunca pensé que este terrible corte de pelo pudiese tener alguna ventaja… –murmuró Rocky esforzándose por mantener su cabeza por encima de la nieve.

¡Dicho y hecho! Tasi ató la linterna a la cola de Rocky y se levantó para mirarle. Pero al ver a Rocky con esas pintas, a Tasi le dio un ataque de risa y se puso a pegar saltos y más saltos en la nieve. Entonces ocurrió algo terrible:

¡¡¡ZASPATAPAM!!!

El hielo se abrió con un ruido tremendo y Tasi desapareció.

–**¡Tasi! ¡Tasi! ¡Nooo!** –gritó Alexia mientras intentaba atrapar a su hermano.

No llegó a tiempo. Rocky ladraba y el UUUUUUh del viento parecía ser aún más fuerte. Tasi había desaparecido bajo el agua. ¿Qué podían hacer?

–**¡Rápido, Rocky! ¡Tu cola... la linterna... al agua!** –ordenó Alex.

Rocky metió la cola con la linterna en el agua helada y la dejó colgando, con la luz iluminando el agua, hasta que Tasi la localizó y la agarró con todas sus fuerzas. Así, tirando de la cuerda, Alex y Rocky pudieron sacarle del agua. Pobre Tasi, ¡estaba completamente azul por el frío! Le castañeteaban tanto los dientes que sonaban como una moto arrancando, ¡¡¡clac,clac,clac,clac,clac,clac!!!

–¡Tenemos que encontrar ropa seca para Tasi o se congelará! –exclamó Alexia.

–¿Y si abrimos la caja del tesoro? –sugirió Rocky.

–¡Buena idea! ¡Tal vez haya otra capa mágica allí! –aplaudió Alexia.

Alexia abrió la caja a toda prisa y metió la mano dentro…

–¿Eh? –exclamó dando un salto–. Pero ¿qué es esto?

63

–¡Déjame ver! –dijo Rocky. Y entonces metió la nariz en la caja.

–¿Quééééééé? ¡No puede ser! –exclamó.

–¡Qué raro! –dijo Alexia–. Florestán nos dijo que todo lo que necesitábamos estaba en esta caja. Pero…

–**¡ESTÁ VACÍA!** –gritaron Alex y Rocky a la vez.

Aunque temblaba de frío, a Tasi le picó la curiosidad y también quiso mirar dentro de la caja. Y ¡vaya sorpresa! ¿Sabéis lo que vio? ¡A un extraño personaje con la cara azul y dos hielos colgando de su nariz!

–¡Eh! –exclamó dando un salto asustado. Pero solo tardó un momento en darse cuenta de lo que estaba pasando: ¡el hombrecillo de la caja era él mismo, azul y tiritando de frío!

–**¡Hay un espejo pegado en el fondo de la caja!** –explicó Tasi con una carcajada.

Y con tantas risas, a Tasi se le pasó el susto y se dio cuenta de que ya no tenía frío. ¡La capa mágica ya se había secado!

–**¡Bien por nosotros! ¡Lo estamos consiguiendo! ¡Podemos hacerlo!** –canturreó Tasi mientras se abrazaba a su hermana.

–Chisss... –interrumpió Rocky–. Estoy oyendo algo, y estoy seguro de que no es el viento... No hace uuuuuh... Más bien hace liruliru...

–¿Cómo dices que hace? –preguntaron los niños.

–Liruliru –dijo Rocky con cara muy seria–. Os lo aseguro. ¿Estáis sordos o qué?

Los niños pusieron las manos detrás de las orejas para hacerlas crecer un poco y oír mejor. Rocky apuntó con las suyas hacia las montañas.

–El liruliru viene de allí; creo que es música.

–Pues yo no oigo nada –confesó Tasi, algo avergonzado.

–Vamos a hacerle caso a Rocky –decidió Alex–. Los perros tienen un oído buenísimo. Y Rocky todavía más, porque tiene las orejas de punta.

–Es porque los perros tenemos ni más ni menos que diecisiete músculos para mover las orejas –dijo Rocky, muy orgulloso.

—¿Diecisiete? —se sorprendió Tasi—. ¿Y cuántos tengo yo?

—¡Callaos ya, caramba! —ordenó Alexia—. Rocky, concéntrate, ¿qué oyes?

Rocky escuchó otra vez y dijo:

—LIRULIRU, CHANCHÁN. Es por allí, seguro.

A medida que se acercaban, los niños también empezaron a oír una canción que sonaba entre las ráfagas de viento. Primero oyeron un banjo, luego un CHANCHÁN de platillos y, al final, voces humanas. Los niños hicieron señas con sus linternas.

—**¡Eh! ¡¡Hooolaaa!!** —gritó Alexia—. ¿Sois los exploradores perdidos? ¡Las gaviotas nos han enviado para rescataros!

Tras unos segundos de espera, la canción paró en seco y se empezaron a oír gritos...

—¿Quiénes sois? ¿Qué hacéis? ¿De dónde venís? ¿Cómo habéis llegado hasta aquí? –Y muchas más preguntas que los niños no entendieron porque estaban todavía demasiado lejos...

Entonces un hombre con una barba blanca fue corriendo hacia ellos.

–¡Qué bien que hayáis venido hasta aquí! ¡No me lo puedo creer! –dijo, emocionado y dando grandes palmadas–. Me llamo Shackleton, chicos. Mis compañeros y yo estábamos cruzando el Polo Sur cuando el hielo aprisionó nuestro barco y finalmente lo rompió. Casi se nos ha agotado la comida y aquí no hay nada con lo que sobrevivir... No sabíamos qué hacer, ¡así que nos hemos puesto a cantar para mantenernos en calor y animados!

–¡Pues habéis acertado! ¡Nunca os habríamos encontrado si no hubiésemos oído vuestro TIRULIRUCHANCHÁN! –dijo Tasi.

–¡Eh! ¡No te apuntes el tanto, que he sido yo quien los ha oído! –dijo Rocky con una sonrisa.

–Es que cuanto peor van las cosas, más condenadamente optimista tienes que ser –explicó Shackleton; luego todos recordarían aquella frase.

–Es hora de regresar, ¡vamos a llamar al barco! –dijo Alexia. Y los niños encendieron sus linternas para hacer las señales en el cielo que les había enseñado Florestán. Al cabo de un rato oyeron la sirena del barco que se acercaba navegando por las nubes, rodeado de gaviotas.

–**¡Todos a bordo! ¡Volvemos a casa!** –gritó Alexia, feliz.

Y esta vez treparon muy decididos por la escalerilla de cuerda para subir al barco.

En cubierta los esperaba Florestán, que los miró con orgullo.

–¡Buen trabajo, chicos! –los felicitó la gaviota–. Habéis encontrado

vuestros tesoros y los habéis utilizado bien. Fin de la prueba, ¡es hora de regresar a casa!

Y como los niños empezaron a protestar, Florestán añadió:

–Chisss, ¡ni una queja! La estrella del alba está empezando a brillar, y eso quiere decir que va a amanecer y que vosotros tenéis que estar en vuestras camas. Pero podéis llevaros a casa vuestro premio: la caja del tesoro.

–**¿La caja? ¡Pero si está vacía!** –exclamaron los niños y Rocky.

–Mirad de nuevo –dijo la gaviota.

Todos se apretujaron en torno a la caja esperando algo de magia.

–¡Aquí solo hay un espejo pegado en el fondo! –anunció Alexia.

–¿Y qué veis en ese espejo? –preguntó Florestán.

–Pues nuestras caras, claro, ¿qué más puede verse? –exclamaron los niños.

–Pues está claro –dijo la gaviota–. Os dije que cada uno de vosotros tiene un tesoro. Cuando tengáis dudas o miedo, abrid la caja del tesoro y mirad vuestra cara: así nunca olvidaréis que dentro de vosotros tenéis el mejor tesoro del mundo. ¡No necesitáis nada más!

–¡Es verdad! ¡Tengo el mejor tesoro del mundo dentro de mí! –exclamó Alexia riendo.

–¡Yo también tengo el mejor tesoro del mundo dentro de mí! –repitió Tasi, encantado.

–¡Y yo! ¡Y yo! –exclamaron todos mientras los niños y Rocky cantaban y bailaban con las gaviotas y los marineros.

¡Celebra que tú también tienes dentro de ti
el mejor tesoro del mundo!

Y a lo lejos, seguro que volverá a oírse el famoso

liruliru... ¡chanchán!

Taller de emociones: la autoestima

La autoestima es el sentimiento de valía personal que tiene nuestra hija o hijo. ¡Los primeros años de vida son fundamentales para sentar las bases de una autoestima sana!

¿Cómo se forma la autoestima? Es importante que nuestros hijos perciban que son queridos y aceptados por los demás. Además, también cuenta hasta qué punto controlan y disfrutan haciendo cosas y resolviendo sus problemas por sí mismos.

¿Por qué es importante tener una buena autoestima? Con una buena autoestima, el niño se enfrenta con más fuerza a los retos que se le plantean, porque está convencido de que puede tener éxito o superar los fracasos.

¿Cómo influyen los padres en la autoestima de los niños? ¡La actitud de los padres y madres es importantísima! Si tenemos expectativas frustradas sobre nuestros hijos, ellos lo perciben y su autoestima merma gravemente. ¿La solución? Que aceptemos a nuestros hijos como son, ayudándolos así a aceptarse y quererse ellos mismos.

Hazlo tú mismo

La caja del tesoro. Como Los Atrevidos, cada niño puede confeccionar su propia caja del tesoro. Solo necesita un poco de cartón o una caja de zapatos, un espejo y lápices de colores. En tan sencillo como crear una caja que le represente y que le recuerde que el tesoro y el recurso más importante ¡los lleva dentro!

LOS ATREVIDOS
Y LA AVENTURA EN EL FARO

¿Conoces un pueblecito frente a una playa larga, con suaves montañas de arena blanca, donde las calles no tienen nombre, pero las casas sí? De una de esas preciosas casas, llamada Valcarlos, vuelan en la noche las voces de tres niños discutiendo…

–**¡NO!** –le aseguraba Alexia a Tasi, casi gritando–. **Ha sido un desastre, ¡hemos volcado porque nadie me escuchaba!**

Alex y Tasi son hermanos. Todos los veranos, pasan las vacaciones en casa de sus abuelos con su prima Anchoíta (no es su nombre de verdad, pero como es delgada, alta y parece que va de lado, todo el mundo la llama así). Aquí siempre se oyen las olas, unas veces tranquilas y otras rugiendo como una manada de leones. Aquella noche, las olas estaban un poco revueltas porque alguna nube gris y traviesa las estaba agitando. Por la tarde, los primos habían ido a navegar en el barquito velero del abuelo, pero las cosas no habían salido del todo bien...

–Tasi, te dije que había que soltar la vela, ¡el viento había empezado a soplar y estaba claro que nos iba a tumbar! –se quejó de nuevo Alexia.

–Es que Anchoíta gritaba como una loca y no te oía –protestó Tasi.

Anchoíta es una niña alegre, con muchos rizos y pocos dientes. Se lleva genial con Tasi. Cuando están juntos, trepan a los árboles, juegan al fútbol y se cuentan chistes, pero hoy...

–**¿Que yo no te dejaba oír?** –exclamó indignada–. ¡No me eches la culpa, Tasi! ¡Tú no escuchabas a nadie!

–Intenté explicaros que la vela se había quedado clavada, pero no me escuchasteis y, ¡¡ZAPATÁM!! ¡En un momento el barco ya había volcado! –protestó Tasi.

–¡Es que tenías que haber soltado el cabo! –exclamó Alexia.

–¡¿Por qué no me lo dijiste?! –respondió su hermano.

–¿Quién, yo? ¡Diez veces, o mil, te lo he dicho! Pero tú estabas encantado charlando con Anchoíta y haciéndote el chulo mientras la hacías reír…

–¡Oye, a mí no me lieis, que yo era la pasajera invitada! –reprochó Anchoíta.

–¡Y encima, con todo el barullo de la vela pillada, Rocky se ha puesto a ladrar y no ha ayudado nada! ¡Menudo susto! –suspiró Alexia.

Rocky, el perro de Alexia y Tasi, que estaba tumbado junto a la cama del niño, levantó la cabeza y pegó un ladrido de protesta.

Tasi le acarició las orejas e intentó calmar los ánimos.

–No es culpa de Rocky. Es que se ha asustado con el mar, y las olas, y el viento, y la vela caída… Todo esto me hace pensar que los *pescaderos* tienen un trabajo muy peligroso –aseguró.

–¿Eh? –dijo Anchoíta asombrada–. ¿Qué *pescaderos*?

–Creo que Tasi se está liando con las palabras: quiere decir *pescadores* –explicó Alexia con paciencia–. Pero no volcamos por el mar, ¡volcamos porque no me hacíais caso!

–¿Cómo? ¿Y dónde dice que tú mandas y que siempre tienes razón? –preguntó Anchoíta, ahora ya enfadada.

–Porque a mí me llaman «la efectiva» –dijo Alexia con mucha seguridad–. Y porque soy la mayor, y además Florestán dijo…

Su prima la interrumpió:

–**Perdona, pero a ti NO te llaman la efectiva. Y TAMPOCO eres la JEFA.**

–**Sí lo es** –intervino Tasi muy seguro–. Es la jefa de nuestro equipo. Lo dijo Florestán.

–**¿Y quién es Florestán?** –preguntó Anchoíta abriendo los ojos.

–**¡Una gaviota genial!** –explicó Alexia, contenta de poder salir del lío–. Es nuestro guía de emociones, pero esto ya te lo contaré otro día...

–Y punto pelota –dijo Tasi asintiendo con la cabeza con entusiasmo.

Esta vez, Rocky pegó un ladrido de aprobación.

Los abuelos, al oír los ladridos y las protestas de los niños, fueron a ver qué pasaba.

–Niños, pero ¿qué está pasando aquí? ¿No va a dormir nadie hoy? ¿Estáis de guardia? –dijo sonriendo el abuelo–. ¡A ver si os voy a tener que llevar al barco para que practiquéis otra vez cómo navegar juntos! Venga, a dormir y a soñar con el mar y el viento...

Después del beso y los abrazos de buenas noches, todo quedó en silencio y a oscuras.

Pero Alexia no podía dormirse: no dejaba de pensar en cómo navegar mejor al día siguiente. Intentó despejar su mente usando un truco: imaginó que estaba pintando la habitación con todos los colores del arcoíris con un pincel gigante, muy despacio... ¡Pero solo le salía el color negro!

«¡Ojalá estuviera aquí Florestán!», pensó. Él nos ayudaría a navegar juntos...

Por fin le estaban empezando a pesar los párpados cuando, de repente, oyó un golpe.

¡No! Un momento, no era un golpe: era más bien una respiración entrecortada...Y en la ventana entreabierta, una sombra subía y bajaba...

–¿Eres tú, Florestán? –murmuró Alexia, medio dormida.

Y, por primera vez, ¡se sorprendió al escuchar que Florestán estaba jadeando y murmurando!

–¡Qué pueblo tan lioso! –decía él.

Alexia, en voz baja, intentó llamar su atención:

–**¡Florestán, Florestán! ¿Flori?...** –dijo, no muy segura de la abreviatura.

Pero él no le hacía ni caso y seguía refunfuñando:

–¿A quién se le ocurre NO poner nombres a las calles y poner nombres solo a las casas? Y, además, ¡menudos nombres!

Pacotilla, Taratatá, Pifpaf, Las Gambas, Musguito… Ti punch, Barnako, Rouf, Jojo o cualquier otra tontería, ¡como Soucalouchou! ¡No sé si están locos o chalados!

–¡¡Florestán!! –dijo Alexia, ya muy impaciente–. ¿Qué te pasa hoy?

Ella creía que lo estaba diciendo en voz baja, pero la voz baja de Alexia podía despertar a casi todo el mundo. Así que, de repente, Florestán se dio la vuelta ¡y se encontró también despiertos a Anchoíta, Tasi y Rocky, alborotados!

–¡Hola, hola, hola! ¿Me habéis llamado, pequeños ATREVIDOS? –exclamó Florestán con una gran sonrisa.

Los niños y Rocky se animaron enseguida.

–A de Alexia –gritó Alexia–. ¡Y también A de Anchoíta, que es esta! –añadió señalando a su prima.

–¡T de Tasi! –aseguró Tasi, muy orgulloso.

–¡R de Rocky! –añadió Rocky.

–Pero, Rocky, ¿cómo es posible que tú sepas hablar? –exclamó Anchoíta, y añadió un poco tímidamente–: ¡Hola, Florestán!

–¿Por qué será que los perros de dos patas no aprendéis a hablar perruno, y nosotros los perros de cuatro patas sí que aprendemos a entender humano? –observó Rocky.

–¡Mis queridos ATREVIDOS! –dijo Florestán mirándolos con cariño–. ¡Qué alegría veros de nuevo! Y con una nueva acompañante... ¡Encantado de conocerte, Anchoíta! Esta noche toca hacer una nueva prueba en la Organización Estelar de las Olimpiadas de las Emociones, ¡las famosas **OéOé**! Tú te vienes con nosotros, Anchoíta. Rápido, subamos al Barco de las Emociones... ¡y todos a popa, mala tropa!

Saltaron al barco que flotaba delante de la ventana y empezaron a navegar. Abajo, cada vez más lejos, el agua centelleaba. Arriba, las estrellas brillaban. El cielo estaba tan bonito que hacía olvidar todo lo demás. Navegaron en silencio, porque cuando las cosas son muy bellas a veces nos da por cantar y reír, pero a veces nos da por estar callados y sorprendidos, ¿verdad? Las estrellas parecían tan próximas que Tasi y Anchoíta se pusieron de puntillas para intentar tocarlas.

–Cuidado, que os vais a caer, listillos –advirtió Rocky, un poco preocupado–. Y el mar está frío y algo revuelto, no sé si no va a cambiar el tiempo...

A lo lejos, unas nubes grises se acercaban y tras ellas se adivinaba una nube negra y muy hinchada... El aire olía a humedad, como cuando se avecina una tormenta.

La voz de Florestán interrumpió a LOS ATREVIDOS. Llevaba una pila de chalecos en los brazos:

–Aquí tenéis unos magníficos chachichalecos –anunció–. Os ayudarán a superar las pruebas a las que os enfrentaréis esta noche –añadió mientras ayudaba a los niños a ponérselos–. Tienen muchos bolsillos, llenos de sorpresas. Por ejemplo, en este bolsillo-bebida hay un zumo de zanahorias con espinacas para cuando estéis muy cansados.

–**Uf, hará falta estar muy muy cansados para beber esto...** –interrumpió Rocky–. Y para mí, ¿ni un huesito?

–Aquí –prosiguió Florestán, ignorando las quejas del perro– hay un trapo que limpia solo. En este otro bolsillo encontraréis unas gafas para protegeros del resplandor de la luna... o de los rayos, quién sabe –añadió la gaviota, pensativa, mirando al cielo–. Y aquí, en este bolsillo impermeable, cabe una tableta, aunque esta noche no nos ha dado tiempo a meterla, así que hemos puesto papel, mucho papel, y si necesitáis escribir podéis usar la cremallera-lápiz. Aquí encontraréis cuerda y guantes ignífugos...

–**¿Igniqué?** –preguntó Tasi.

–Son para proteger las manos del fuego –explicó Florestán– Y, si estáis cansados y os queréis dormir…

–**Yo me apunto** –interrumpió Rocky–. **Tengo un sueño…**

–Y, si estáis cansados y queréis dormir –repitió Florestán como si no hubiera oído a Rocky–, hay un cojín integrado en el cuello que se hincha diciendo «¡chucho flojucho!», y de la gorra del chachichaleco también sale un antifaz oscuro para tapar los ojos y dormir mejor…

–¿Seguro que vamos a necesitar tantas cosas? –preguntó Alexia, siempre práctica.

–Ah, nunca se sabe lo que uno puede necesitar para pasar las pruebas… –afirmó la gaviota, ladeando la cabeza.

Los niños y Rocky se divirtieron un rato comprobando los bolsillos de sus chachichalecos. Entonces Florestán anunció:

–Atentos, queridos niños. La prueba de esta noche servirá para entrenaros en ser buenos amigos. Es decir, en aprender a llevaros mejor con los demás.

–¿Incluso con los que huelen a cebolla? –bromeó Tasi.

–Incluso con ellos –asintió Florestán moviendo la cabeza arriba y abajo.

–**Pues hay un problema** –observó Alexia–. Nosotros no siempre sabemos llevarnos bien. Mira lo que ha pasado esta tarde con el barco: por no escucharnos, se nos ha volcado.

—Normal, no es fácil. Hay que entrenarse, pero para eso estamos aquí —observó Florestán con un guiño—. Por cierto, ¿conocéis el secreto de los buenos amigos?

—¿Cómo? —dijo Tasi, que estaba distraído mirando la nube negra que se había emperrado en fastidiarles la vista de la luna y las estrellas—. **¿Un secreto? ¡Esto se pone interesante! ¿Qué secreto es?**

—Este secreto lo descubriréis vosotros solos. En el mundo de las emociones, no se aprende con lo que te explican, sino con lo que uno siente y descubre por sí mismo. ¡Por eso salís conmigo por la noche! —explicó Florestán—. Y, ahora, preparados, Atrevidos… Ya estamos llegando…

A lo lejos, apareció un magnífico faro en medio del mar. Su luz iluminaba la noche.

–¡Soltad ya las anclas! –gritó Florestán a un grupo de gaviotas atareadas en la proa del barco–. Este es un faro muy importante –añadió el guía de emociones–. Muchos barcos buscan su luz para no perderse o chocar contra las rocas. El faro tiene que estar encendido todas las noches del año. Nunca puede apagarse, ¡nunca! –repitió con tono serio–, así que no os despistéis.

Dejó a los niños en el sendero de arena que llevaba al faro y, con dos golpes de ala, salió volando. ¡Empezaba una nueva prueba de las Olimpiadas de las Emociones!

Con los pies en el agua, los niños se acercaron hasta una puerta en la base de la torre. Sobre la puerta había un cartel. Tasi leyó despacio:

–«Me-he-escacharrado la ro-di-lla. Voy al médico. Vuelvo cuan-do pue-da. El farero».

–**¡Subamos al faro!** –propuso Alexia–. Seguro que nos han dejado aquí para que veamos o hagamos algo, ¡no para estar perdiendo el tiempo!

–Pero ¡¿es que tú mandas hasta en los cuentos?! No lo puedes resistir, ¿eh? **¿No teníamos que ser amigos y colaborar?** ¿No es lo que nos ha dicho la gaviota sabia? –exclamó Anchoíta.

–Pues ¿sabes?, creo que tienes razón –dijo Alexia, por una vez sorprendida–: **Esta noche intentaré no mandar, solo ayudar...** Tasi, ¿qué crees que deberíamos hacer ahora? –le preguntó su hermana.

Tasi, sorprendido con aquella inesperada responsabilidad, se puso a carraspear y declamó:

–**¡CATUFLA, CATUFLA! ¿DÓNDE ESTÁN MIS PANTUFLAS?**

Rocky, Alexia y Anchoíta exclamaron:

–**¡Siempre tienes que acabar liándola! ¡Se te ha subido la marea a la cabeza!**

Entre risas, Alexia, Anchoíta y Rocky siguieron a Tasi, que se dirigió hacia la puerta de entrada al faro. Intentó empujarla, pero la puerta no se movió. Rocky también lo intentó, pero tampoco pudo. Por fin se juntaron los cuatro y, uniendo los esfuerzos de todos, consiguieron abrirla.

Tasi se dirigió hacia la escalera y empezaron a subir. Como los escalones eran muy altos, Rocky resbaló varias veces.

–**¿Por qué resbalas tanto, Rocky?** –preguntó Anchoíta, que iba detrás de él.

–**Es que caminar con cuatro patas es complicado** –contestó–. **Se resbala el DOBLE.**

–No te preocupes, Rocky. Seguro que hay algo en el chaleco para solucionarlo –dijo Tasi.

¡Y así era! De uno de sus bolsillos, Tasi sacó unos zapatos de goma con forma de huella de perro. Se agachó para ponérselos a Rocky en las patas.

—**¡Ahora ya puedes caminar sin problema!** —dijo muy contento.

Llegaron al primer rellano de la escalera: había un cuarto grande con una cama. Debía de ser la habitación del farero.

Siguieron subiendo, cuando la luz de un rayo enorme lo inundó todo. Los niños se miraron asustados en el resplandor, y ¡un tremendo trueno estalló sobre ellos!

Rocky, que iba delante, bajó corriendo a toda velocidad, atragantándose con sus propios ladridos y con la cola entre las patas. Y entonces, empezó a llover como nunca habían visto hacerlo antes. ¡Menuda tormenta!

Casi corriendo, Los Atrevidos subieron a la sala que guardaba la luz del faro. Por suerte seguía encendida, orientando a los barcos entre la tormenta.

Pero su alegría duró poco, porque cayó otro fogonazo en el pararrayos del faro, que tembló entero. Sintieron cómo una corriente les pasaba por dentro, entrándoles por el pelo y saliendo por las uñas de los pies, ¡aunque estuvieran algo sucias, como las de Tasi!

Como ya sabían algo de truenos, los niños se taparon los ojos y las orejas para lo que venía a continuación: la luz del rayo, que los cegó... seguida por un estruendo fortísimo que los dejó casi sordos... y ¡¡¡Menudo desastre!!! Cuando abrieron los ojos estaban prácticamente a oscuras. El rayo había roto la bombilla del faro y, claro, ¡¡¡EL FARO SE HABÍA APAGADO!!!

Alexia, que se crecía cuando había grandes crisis, ordenó:

–No hay tiempo que perder. **¡El faro no puede apagarse!**

¡Es importantísimo que los barcos puedan orientarse en la oscuridad, lo ha dicho Florestán! –exclamó.

Miró al techo y vio una argolla justo encima de la bombilla rota del faro.

–**¿Y si encendemos un fuego en este cubo y lo colgamos de esa argolla?** –propuso Alexia–. **¡Así habrá luz en el faro!**

–Allí arriba hay una argolla –dijo Anchoíta–. Y aquí abajo estamos nosotros... ¿Cómo lo vamos a hacer?

–**¿Y si te manteamos, Anchoíta?** –se le ocurrió a Tasi, que siempre tenía ganas de bromear.

Rocky ladró encantado ante la idea.

–¿Y si te pongo el cubo en la cabeza? –le contestó su prima, molesta.

–Venga, no tenemos tiempo para peleas, daos prisa –ordenó Alexia–. Haremos un fuego en este cubo y lo colgaremos de esa argolla, allí arriba. Sé cómo podemos conseguir llegar a la argolla: haremos una **TORRE HUMANA**. Tasi, tú te subirás sobre mis hombros, y juntos sostendremos a Anchoíta, que es muy ágil. Con suerte, llegará a esos escalones –explicó señalando una escalerilla que empezaba a media pared–. Una vez allí, Anchoíta meterá la cuerda por la argolla del techo. Tasi y yo recogeremos la cuerda, la ataremos al cubo con el fuego prendido y lo subiremos hasta el techo... **¿Os parece bien?**

–**¡Buen plan, Alexia!** Vamos a llenar el cubo con cosas que podamos quemar para hacer un fuego –contestó Tasi, que siempre sabía inventar cosas.

–**Podemos usar los guantes de Florestán para no quemarnos** –sugirió Anchoíta.

En la habitación del farero encontraron dos viejos libros y de los chachichalecos sacaron todos los papeles que encontraron. Rocky, por su parte, recogió muchas astillas de madera. ¡Todo fue al cubo donde los ATREVIDOS iban a encender el fuego! ¡Era importantísimo no fallar, lo había dicho Florestán!

Mientras se preparaban, Rocky iba dando ladridos para animarlos, y casi se llevó un grito de Alexia, harta de tanto ruido, ¡pero es que él quería colaborar más y no sabía cómo!

–Rocky, por favor, ladra bajito –le pidió Tasi–. Es que si no oigo nada, lo voy a hacer mal.

–**Yo soy la mayor y seré la base de la torre humana** –dijo Alexia.

–**Luego subiré yo, aunque está tan alto...** –dijo Anchoíta, un poco pálida.

–**Tranquila, Anchoíta, que te sujetaremos bien. ¿Estamos todos de acuerdo?** –preguntó Alexia. Y chocaron los cinco para acordar su plan.

Anchoíta se ató una cuerda a la cintura mientras Alexia y Tasi se colocaban el uno sobre el otro contra la pared. Entonces Anchoíta empezó a trepar por la torre humana.

–**¡Anchoíta, ánimo, que tú puedes!** –la animaban Alexia y Tasi. ¡Y Anchoíta alcanzó los escalones! Llegó a la argolla, hizo pasar la cuerda por ella, y la dejó caer al suelo donde estaban sus primos, que ataron el cubo, lo encendieron y lo izaron hasta lo más alto.

Durante unos segundos, en la oscuridad y el frío de la gran tormenta, los niños y Rocky contuvieron el aliento…, pero **¡la luz de las llamas había vuelto a iluminar el faro!**

Y entonces ocurrió algo mágico: empezaron a oírse sirenas de barcos a lo lejos que saludaban alegres y agradecidos porque la luz del faro volvía a protegerlos de la oscuridad de la noche. ¡Los Atrevidos lo habían conseguido!

Así estaban entre risas y sintiéndose unos auténticos héroes, cuando en lo alto vieron aparecer la inconfundible silueta de Florestán aleteando contra las cristaleras del faro. Alexia corrió a abrirle una ventana para que pudiera entrar:

–¡Madre mía, menuda nochecita! –exclamó Florestán, sacudiéndose el agua de las plumas–. Primero el paseíto buscando vuestra casa por el pueblo sin calles, y ahora este chaparrón. ¡Brrrr! ¡Brrrr! –pero su expresión cambió al instante en cuanto vio la luz del cubo–. ¡Enhorabuena, Atrevidos! ¡Buen trabajo, equipo!

–Florestán, **¿cuál era ese secreto que íbamos a aprender?** ¿Es que los buenos amigos siempre tienen que llevar un buen chaleco? –preguntó Tasi, curioso.

–Pero, Tasi, ¿aún no lo has entendido? –dijo Florestán rascándose la cabeza con un ala–. Ninguno de vosotros por sí solo hubiera podido salvar a los barcos en la oscuridad. Lo habéis conseguido porque habéis trabajado todos juntos, compartiendo, colaborando y ayudándoos, haciendo lo que cada uno sabe hacer mejor. ¡Este es el secreto de los buenos amigos! Sois como los bolsillos de

un chachichaleco, cada uno poniendo su granito de arena: Tasi, con sus ideas y su imaginación; Anchoíta, con su agilidad; y Alexia, con... Bueno, en fin, ya sabéis...

–Sí, sí, ya sabemos: ¡Alexia tenía que mandar y lo ha hecho bien! –exclamaron con risas Tasi y Anchoíta mientras Alexia se ponía como un tomate.

–**¿Y yo?** –dijo Rocky–. **¿Qué he hecho yo?**

–Rocky, tú has llenado el cubo con muchas astillas y siempre has estado animando al equipo –le felicitó Florestán.

–**¡Uno para todos, y todos para uno!** –gritaron Los Atrevidos riendo mientras chocaban las manos.

–¡Prueba superada! –exclamó Florestán, satisfecho–. Tenemos que regresar a casa antes de que amanezca...

Cantando, bajaron hasta la puerta del faro y treparon al Barco de las Emociones.

Aquella noche de tormenta, truenos, luces y sombras había terminado.

¡A descansar, Atrevidos!

¡Uno para todos,
y todos para uno!

Taller de emociones: convivir y colaborar

Los bebés nacen preparados para sociabilizar: sienten instintivamente que su seguridad, salud mental y bienestar físico y emocional dependen de que los demás los acepten y protejan.

Las habilidades sociales. Nuestra condición humana nos lleva a relacionarnos intensamente con el resto del mundo. ¡Nos faltan tantas cualidades físicas! Carecemos de una piel recia para protegernos del frío, de grandes fauces para machacar alimentos, no corremos deprisa…

¿De qué depende la fortaleza de los humanos? De nuestra capacidad para adaptarnos y colaborar. Estamos programados para ello y, juntos, podemos protegernos y fabricar lo que necesitamos para vivir en entornos complejos.

Para iniciar y mantener buenas relaciones con los demás, **necesitamos aprender y practicar habilidades sociales concretas**, especialmente las que tienen que ver con la convivencia: la justicia, la empatía, la comunicación y el autocontrol.

Hazlo tú mismo

El juego de hacer regalos. Con este juego, tu hijo practicará su capacidad para ponerse en la piel de los otros (empatía) y disfrutará del placer de hacer algo por los demás. Dale a tu hijo material con el que pueda fabricar pequeños regalos: arcilla, cuentas, tarjetones, lápices de colores... Pídele que haga un regalo a alguien, dedicando su tiempo y esfuerzo, pensando en lo que le gusta a esa persona.

LOS ATREVIDOS
Y EL MISTERIO DEL DINOSAURIO

Para fabricar un día chulo: una buena pizca de sueño, mucha alegría, montones de palabras veloces, saludos, prisas, algún tropezón o caída, risas, un par de sustos y, a veces, un pequeño o gran enfado...

–**No entiendo que esto me lo hayan dado a mí** –refunfuñaba Tasi esa noche, agitando un papel–. Si hay alguien en clase o en esta casa que **SIEMPRE** se ríe y **NUUUNCA** se enfada, **¡ese soy yo!** Menudos deberes: ¡tengo que pasar un día entero sin enfados y hacer un sándwich de la paz!... ¿Por qué, me pregunto, por qué? ¿Qué tendrá que ver la comida con la paz, o con no enfadarse?

Su hermana Alexia no sabía si echarse a reír o ir a buscar una manguera para apagarlo, **¡porque a Tasi se le estaba poniendo toda la cara roja!**

–¿Por qué no te miras en un espejo? ¡Si eres la imagen del enfado! A ver, déjame ver este papel que te hace tan feliz, jijiji –dijo con una sonrisa de hermana mayor. Y leyó con voz suave–: **«Para hacer un sándwich de la paz y alejar los enfados, tienes que encontrar alegría, muchas risas y pintarte una sonrisa grande por dentro...»**. Pues para eso, para ayudarte, te han pedido en el cole que inventes este sándwich de la paz, donde puedas meter todas las cosas que te calman cuando te enfadas... Aunque, la verdad, ¡me parece que más bien te va a salir un sándwich de la excitación!

—**¿Ah, sí? ¡Pues a ti tampoco se te da bien no enfadarte!** ¿O es que no te acuerdas de que esta mañana, cuando te han dicho que hablabas demasiado en clase, se te ha puesto cara de pimiento picante, picante?

—**Es que a veces la profe me tiene manía** —contestó Alexia haciendo una mueca al recordarlo.

Luego se sentó en la cama, suspiró y bostezó.

—Bueno, ¿sabes qué, Tasi?, es mejor que nos vayamos a dormir, a ver si los sueños, o Florestán, nos ayudan a hacer estos deberes tan raros que te han puesto...

¡Dicho y hecho! Pis, pijama, dientes... ¡y a la cama! Tasi y Alexia terminaron de amontonar un poco los juguetes, apagaron la luz y se quedaron dormidos en un uuuufff.

La habitación quedó bañada en una suave oscuridad. Solo se escuchaban los ronquidos de Rocky, el perro de Tasi, que, como cada noche, dormía debajo de la cama de su mejor amigo...

ZZZZZ, ZZZZZ...

CHRRR, CHRRR...

RON PCHIIIIII, RON PCHIIIIII...

¿Se os ocurre una forma mejor de roncar?

Pero... ¡un momento! ¡Los ronquidos de Rocky no son lo único que se escucha! Suenan unos pasos ligeros... y se oye un suave silbido, como el de un pájaro... ¿Quién es esa gaviota que lleva gafas de aviador y mochila, y que se asoma por la ventana? ¿La conocéis?

—¡Atentos, Atrevidos, despertad! ¡Empieza una nueva prueba para las Olimpiadas de las Emociones!

—**¡¡FLORESTÁN!!** —exclamaron los niños saltando de la cama. ¡LOS ATREVIDOS iban a entrar en acción, iban a vivir otra aventura! Aquí estaba su guía de las emociones, Florestán, para ayudarlos a lograr el desafío más difícil del mundo: ¡mejorarse a uno mismo!

—¡A de Alexia! ¡T de Tasi! ¡R de Rocky! —gritaron emocionados.

Al otro lado de la ventana los esperaba, majestuoso y enorme, el Barco de las Emociones. Y en un abrir y cerrar de ojos, ¡estaban todos a bordo navegando hacia su nueva aventura!

En la cubierta del barco, aclarándose la voz, Florestán anunció:

–Atrevidos, os he escuchado, y por eso no tengo ninguna duda de cuál va a ser la prueba de hoy. Esta noche, vamos a aprender a ser campeones en ganar a los enfados... Y vamos a hacerlo con la ayuda del sándwich de la paz… o sándwich antichinchante –dijo con una sonrisa de lado a lado del pico.

–Pero es que cuando me enfado es porque alguien, la maestra o… o… Alexia, pues van y me chinchan, y yo tengo que defenderme, ¿no? **¿Por qué me estáis mirando todos así?**

Y a pesar de la oscuridad, Tasi ¡sintió que se estaba volviendo a poner rojo! Alexia levantó los ojos al cielo…

–No os preocupéis, de eso va la prueba –dijo Florestán sonriendo–. Luego lo entenderéis. Pero, para poder empezar, tengo que presentaros a… a… MMM, vaya, ¿dónde están estos…? Oooh, un momento, ahora vengo.

Y Florestán desapareció por la cubierta del barco. Álex y Tasi se quedaron apoyados en la barandilla, mirando cómo su barco se cruzaba con otros barcos que iban rumbo a otras pruebas… De repente, algo pasó de refilón a su lado. Se dieron la vuelta y… ¡¡qué susto!! Tenían tres sombras detrás de ellos: una, igual de alta que Alexia… otra, más bajita y con flequillo… y la tercera, ¡pequeña y peluda!

Tasi dio un salto, se pegó a Alexia y le pisó la cola a Rocky. ¡Menudo lío armaron en un momento!

Las sombras, en cambio, estaban muy tranquilas y los miraban con distancia, como hacen a veces los gatos o los camellos…

–Pero ¿te has fijado en lo gritones y saltones que son? ¡Qué rollo tener que pegarse a ellos! ¡Cuánto trabajo nos va a dar! ¡¡Puf!! –murmuró la sombra del flequillo.

–Aguantarlos, soportarlos y escucharlos una y otra vez. ¡¡Arghhh!! –suspiró la sombra más alta–. ¡Qué pesadez de trabajo!

–A ver, **¿vosotras quiénes sois?** –preguntó Alexia, entre asustada y enfadada–. **¡Qué chinchantes y desagradables parecéis!**

–Oye –la interrumpió la sombra larga–, un respeto, que trabajamos para la Organización. Si tienes algún problema, habla con el supervisor.

En ese momento se oyó la voz jadeante de Florestán, que venía corriendo desde el otro lado del barco.

–Pero ¿qué está pasando aquí? –exclamó muy molesto, mirando a las sombras–. ¡Os llevo buscando un buen rato! Os había dicho que me esperaseis para poder presentaros a LOS ATREVIDOS.

–De eso hace muuucho, y a nosotras no nos gusta perder el tiempo –contestó la sombra del flequillo.

Florestán suspiró.

–Estos Muchachos Son Una Dura Prueba –dijo marcando todas las letras. Luego se inclinó hacia los Atrevidos, añadiendo a media voz–: Creo que confunden trabajar con molestar… –y poniéndose tieso de nuevo, dijo alto y claro–: ATREVIDOS, os presento a vuestras Sombras Chinchantes. Su trabajo esta noche es enfadaros. Pero yo os daré trucos antichinchantes para no perder el buen humor.

–**¿Chombras Chinchantes?** –repitió Rocky con una sonrisa enorme en el hocico. Como cada noche de aventura, él ya hablaba el lenguaje de los humanos…

–Mira que te muerdo –ladró la sombra peluda, molesta.

–**¿No podemos hacer la prueba sin ellas?** –protestó Tasi–. **¡Son muy antipáticas! ¡Parece que quieren pelea!**

–¡Es normal, siempre nos peleamos! –intervino la sombra más alta–. Por eso somos chinchantes. –Y las otras dos sombras asintieron con entusiasmo.

–**Si mi sombra me molesta, ¿puedo morderle la cola?** –preguntó Rocky, harto de que la sombra peluda le estuviese olfateando.

–¿Y qué consigues con eso? –contestó Florestán–. Así solo conseguirás que ella te muerda a ti. Lo que necesitáis son trucos para no enfadaros, ¡ingredientes para hacer vuestro sándwich de la paz! Y los vamos a encontrar mientras visitamos el Museo de Ciencias, que es donde vamos a hacer la prueba de esta noche.

–¡Pero los museos cierran por la noche! –observó Alexia.

–¡Pues esta noche vas a descubrir qué pasa dentro de los museos cuando están cerrados! –contestó Florestán, guiñándole un ojo.

En ese momento, el Barco de las Emociones se detuvo y una gaviota, subida a lo alto del mástil, gritó: «¡Parada del Museo!».

–¡Hemos llegado! ¡Todos abajo! –ordenó Florestán.

LOS ATREVIDOS y las sombras chinchantes bajaron la escalerilla del barco un poco desordenadamente.

–¡No te cueles! –dijo Tasi.

–¡No me pises! –protestó Alexia.

–¡No me empujes! –gruñó Rocky.

Llegaron ante una gran puerta.

–ASCARCHOF,
ASCARCHOF,
OH, PUERTA MÁGICA,
¡HAZ PATAPOF! –gritó Florestán.

Y, de golpe, la puerta se abrió de par en par.

–**¡Guau, qué pasada!** –exclamó Alexia.

Rocky se rio por dentro, pensando: **«Cuando algo les impresiona, los humanos hablan perro... ¡Guau, guau!»**.

Entraron en una sala con una bóveda de cristal enorme, a través de la cual se veían la luna y las estrellas. Y en el centro, justo debajo de la bóveda, había un esqueleto gigante.

–¿Impresionante, verdad? –observó Florestán–. Este esqueleto es de un dinosaurio. De un Tiranosaurio Rex. ¿Sabéis qué eran los dinosaurios?

–**¡Yo lo sé, yo lo sé!** –dijo Rocky, emocionado ante aquella cantidad de huesos–. **¡Eran unos lagartijos muy grandes que vivieron hace millones de años, pero que ya no existen!**

–¡Son como los primos de los cocodrulos! –añadió Tasi.

La sombra chinchante del flequillo se echó a reír.

–¡Míralos, qué tontos! ¡Si ni siquiera saben hablar! ¡Lagartijos! ¡Y se dice cocodrilos, no cocodrulos!

LOS ATREVIDOS empezaron a protestar, pero Florestán intervino sin dudarlo.

–¡No, no! ¡Así sí que no! Esta noche no valen los gritos, los lloros ni las protestas. Podéis explorar juntos el museo, pero cuidado con no tirar nada, porque vendrían los guardas del museo, os echarían, ¡y final de la prueba! –Y, bajando la voz, añadió–: Tenéis que lograr hacer esto sin enfadaros, aunque las sombras van a intentar...

Pero no pudo terminar lo que estaba diciendo. ¡Un tremendo ruido, seguido de una gran nube de polvo, lo llenó todo! Cuando se disipó un poco la nube de polvo, miraron a su alrededor… ¡Había un montón de huesos junto a los pies del dinosaurio!

–**¡Rocky ha desaparecido!** –gritó Tasi, muy preocupado.

Pero entonces, les pareció que el montón de huesos se empezaba a mover… ¡y que ladraba!

Alexia comprendió lo que había ocurrido: «Huesos, perro…».

–**¡¡Rocky!!** –gritó–. Sal de ahí debajo inmediatamente. **¡Menudo desastre has organizado!** Y ahora, ¿qué hacemos? ¿Cómo arreglamos todo esto?

Rocky apareció completamente gris de polvo, pero feliz y sonriente, ¡y con un hueso enorme entre sus dientes!

–No ze fongas afi, Afexia. Ha fido folo un fequeño acfidente…

El lío era considerable: en la penumbra del museo, las sombras chinchantes se empezaron a tirar huesos, y Alexia y Tasi perseguían a Rocky, que no quería soltar su hueso…

—¡Calma, calma! —ordenó Florestán, levantando la voz por encima del barullo—. ¡Os van a echar del museo sin haber superado la prueba de esta noche! Arreglad todo este lío antes de que vengan los guardas.

—**Hay que volver a montar la cola del dinosaurio** —dijo Alexia.

Enseguida se repartieron el trabajo. Rocky hizo lo que mejor sabía hacer: olía los huesos y los iba poniendo en orden. Alexia, con la ayuda de una foto que había encontrado en un folleto del museo, decía dónde iban los huesos de la cola del pobre Tira, que era como llamaban ya al dinosaurio. Tasi se había subido a una escalera y, muy orgulloso, juntaba los huesos y los unía con alambre.

LOS ATREVIDOS estaban concentrados y solo se oía: «Pásame este hueso», «Aquí no va, porque esto es plano y el que me das tiene puntirritas», «Pero, ¿qué dices, Tasi?», «Puntirritas. Cada día sabes menos cosas»... Y, poquito a poco, fueron reconstruyendo aquella cola.

En el primer intento de reconstrucción, la cola del dinosaurio quedó muy espachurrada... En el segundo, parecía que al dinosaurio le hubiera salido una oreja entre las patas... En el tercero, la cola tenía pinta de flecha... ¡Los niños y Rocky se estaban poniendo de los nervios! Al final, se dieron cuenta de que la cola no les quedaba bien porque... ¡les faltaba el hueso de la punta! Pero por más que Rocky buscaba y rebuscaba, el hueso de la punta no aparecía.

–Espera, espera, Rocky, ¿no lo habrás hecho desaparecer tú mismo, con esa manía que tienes de ir escondiendo y enterrando cosas para cuando llegue el invierno? Seguro que sí. **¡Ya tenemos al culpable!** –exclamó Alexia.

–**¡No, Rocky no es culposo!** –protestó Tasi enfadado, que siempre defendía a su amigo. Rocky, muy dolido porque lo volvían a acusar de algo que no había hecho (y eso sí que chincha...), dio un par de ladridazos que hicieron temblar los cristales del museo.

–**Querrás decir «culpable», Tasi** –le corrigió su hermana.

Entretanto, las sombras habían desaparecido en la penumbra del museo... ¿Dónde estaban? ¿Qué andaban haciendo? ¿Por qué no ayudaban o hacían lo suyo, o sea, chinchar?

–MMMM –dijo Alexia, rascándose la oreja para pensar mejor–. Ni rastro de hueso, ni de sombras... Sospechoso, ¿no? **¡Qué chinchantes son estas sombras!** ¡Vamos a buscarlas! Pero, cuidado, **¡nada de peleas!** Tenemos que calmarnos. ¿Se os ocurre algún truco antichinchante?

–**A mí la profe, para el sándwich de la paz, me enseñó el truco de respirar hondo** –dijo Tasi–. Se hace así: nos ponemos tiesos, plantados como si fuésemos árboles en el suelo (puedes elegir tu árbol favorito: un sauce, un ciprés, un baobab, un naranjo, da igual...). Y ahora, mientras tomas aire por la nariz, cuentas hasta tres en tu cabeza... **Uno, dos, tres... Así, hinchas la tripa...** y ahora sueltas el aire muy despacio, el doble de despacio... **Cuentas uno, dos, tres, cuatro, cinco, seis...** (mejor si haces ruido). Si quieres –añadió muy orgulloso–, puedes imaginar que el humo que echas por la boca es un humo «enfadado», de color oscuro... Y, en cambio, el humo que respiras por la nariz es un humo limpio, de colores y muy alegre... **¡Elegid el color que más os guste!**

LOS ATREVIDOS respiraron varias veces con el truco antichinchante de Tasi. Al poco rato, todos se habían calmado y relajado. No era magia, ¡pero lo parecía!

Florestán, que había seguido los acontecimientos desde el fondo de la gran sala, aplaudió con la fuerza de sus grandes alas: «Flac, flac, flac, flac», oyeron los niños y Rocky.

–¡Muy bien hecho, Atrevidos! ¡Ahora sí que podéis ir en busca de las sombras y resolver el misterio! –exclamó.

LOS ATREVIDOS cruzaron muchas salas, algunas llenas de cuadros, otras de espejos, otras de máquinas extrañas... hasta que llegaron a una sala húmeda y caliente, llena de árboles y plantas.

–**¡Mirad!** –exclamó Alexia–. **¡Esta sala está llena de mariposas!**

Por todas partes volaban miles de mariposas de colores, grandes, pequeñas, enormes, rosas, azules, de rayas... ¡Y las mariposas se les acercaban y se posaban sobre sus manos, nariz y cabeza!

–**¡Tengo una mariposa en la cabeza!** –gritó Tasi.

–**¡Y yo en la mano!** –exclamó Alexia levantando su mano hacia el techo para verla mejor.

Rocky empezó a hacer las carrerillas que tanto le gustaban, regateando obstáculos y mariposas hasta que ¡PATATUMBA! ¡ZASCALETA! ¡FATAMPLAF!...

–**¡Auuuuuuu!** –aulló Rocky. Se había dado un golpe contra la máquina de electricidad estática.

Alexia se acercó para ayudarle y leyó en un cartel:

«PONED LAS MANOS EN LA ESFERA DE COBRE,
Y SE OS PONDRÁN LOS PELOS DE PUNTA.»

–**¿Los pelos de punta? A ver, prueba tú** –le dijo Alexia a Tasi.

Entonces Tasi puso las manos sobre la gran bola y ¡¡¡¡FIUFFFFFFFFFF!!!! ¡La máquina se encendió y los pelos de Tasi se pusieron de punta!

La luz de la máquina iluminó toda la sala.

–**Pero bueno, mirad quien está escondido aquí detrás... ¡Las sombras chinchantes desaparecidas!** –exclamó Alexia mirando a las sombras, agazapadas detrás de un arbusto...

–**¿Dónde está el hueso? ¿Por qué os lo habéis llevado?** –preguntaron LOS ATREVIDOS a las sombras.

–Ni lo diremos, ni lo sabemos, ni lo contaremos, ni lo hemos visto, ni nada de nada... –aseguraron las sombras negando con la cabeza–. Nosotras no hemos sido las que hemos escondido el hueso pequeño de la punta de la cola del dinosaurio que tiene dos trozos a los lados y...

–**¡Ajá! ¿Y cómo sabes qué hueso falta, sombra? ¿Lo has soñado, listilla?** –exclamó Alexia muy enfadada.

–**Cálmate, Alex** –le dijo Tasi–. **¡Usa un truco antichinchante!** –Tasi se puso a pensar si recordaba otro de los que le había enseñado su profe–. **¡Ya sé! Cierra los ojos e imagina que tienes**

un semáforo en la cabeza. Cuando estás enfadada, tu semáforo está en rojo, así que ¡cuidado! ¡Para! ¡No hagas ni digas nada!

Su hermana cerró los ojos y se concentró en el semáforo.

–**Y ahora, despacito, pasa el semáforo a color naranja** –continuó Tasi–. ¿A que ya estás menos enfadada? **Ahora tu semáforo está en verde** ¡y puedes abrir los ojos!

–**¡Un truco genial!** –exclamó Alexia cuando terminó de poner en práctica el truco antichichante de Tasi–. Pues ahora vamos a dejar a las sombras aquí, a oscuras, para que sean invisibles y no puedan chinchar a nadie más.

–**¿Y cómo encontraremos el hueso?** –preguntó Rocky.

–Vamos a ver, Rocky. Tú ladras, tienes cuatro patas, rabo, la nariz húmeda y levantas una pata para hacer pipí, ¿verdad?

–**Un diez, ¡lo has acertado todo!** –dijo Rocky de buen humor.

–Pues si lo he acertado todo, quiere decir que eres un perro... y los perros tenéis olfato... y el olfato sirve para seguir pistas, así que... **¡Tú puedes oler el dinosaurio y seguir la pista hasta que encuentres el hueso que falta!**

¡Dicho y hecho! ¡Rocky salió disparado tras el rastro del hueso! En pocos minutos, encontró una pista que le llevó hasta un inmenso jarrón chino que olía un montón a Tiranosaurio... El resto ya os lo podéis imaginar: rescate del hueso, hueso pegado y ¡cola reparada!

Después de pensarlo mucho, LOS ATREVIDOS decidieron encender las luces y perdonar a las sombras, que prometieron ser simplemente eso: sombras pegadas a sus dueños sin chinchaduras de ningún tipo. Habían entendido que los niños podían hacerlas desaparecer con un simple clic en el interruptor de la luz...

–¡Fantástico trabajo el de hoy! –les dijo Florestán cuando terminaron de reparar la cola del dinosaurio–. Habéis aprendido que hay cosas o personas que nos pueden poner de muy mal humor, pero que nosotros podemos ser más fuertes que nuestro enfado. ¡Prueba superada! Y justo a tiempo: está amaneciendo y tenemos que prepararnos para regresar.

–**¡Es una lástima que el Tiranosaurio Rex se haya extinguido!** –dijo Tasi–. Le hubiéramos preparado un sándwich de la paz para chuparse los dedos…

–¿Y qué ingredientes le pondríais? –preguntó Florestán.

–**Uno podría ser contar despacio hasta diez antes de contestar a su sombra** –dijo Alexia.

–**Y otro que dibuje o cuente chistes cuando note que su sombra está consiguiendo enfadarlo** –dijo Tasi–. **A mí eso siempre me calma.** Por cierto, ¿queréis que os cuente uno?

–¡¡¡¡No!!!! –contestó la sombra del flequillo, cruzándose de brazos.

–**¿Cómo llama un dinosaurio a un erizo?** –preguntó Tasi de todos modos.

–¡Ese chiste se lo sabe hasta un pelícano! –rio Florestán–. Un dinosaurio a un erizo lo llama... ¡cepillo de dientes!

–Y vosotras, ¿conocéis un buen ingrediente para este sándwich? –preguntó Alexia dirigiéndose a las sombras.

–Después de tanto chinchar, he aprendido varios trucos –confesó la sombra más larga–. Por ejemplo, me encanta hacer castillos de naipes... Lo malo es que cuando los hago, me olvido de chinchar, y es una faena. ¡No puedo hacer las dos cosas al mismo tiempo!

–**¡Buen ingrediente, sombra! Hacer algo que te gusta mucho ayuda a olvidar que estás enfadado...** –apuntó Alexia.

La sombra del flequillo y la sombra peluda miraron indignadas a su compañera.

–Pero ¿qué haces ayudando a LOS ATREVIDOS a conseguir medallas de campeones en las **OéOé**? –la regañaron.

–¡Eh! ¡Que yo no quería ayudar! ¡He caído en una trampa! –protestó ella.

–¡Ya tenemos un montón de trucos! –aplaudió Florestán–. ATREVIDOS, sombras, para acabar la noche, os voy a dar un supertruco antichinchante para vuestro sándwich de la paz. –Y entonces sacó de su mochila una tableta, tecleó rápidamente y una música muy marchosa inundó la sala del museo–. ¡Chan patachán, este es el ritmo de Florestán! ¡Bailemos! –dijo riendo.

Y, en pocos segundos, todos, incluso las sombras, estaban bailando sin rastro de enfado.

¡HASTA PRONTO, ATREVIDOS!

Taller de emociones: la ira y los enfados

La ira es una emoción básica y universal que aparece cuando sientes que tú, o algo o alguien que te importa, está siendo atacado. También mostramos ira cuando nos sentimos inseguros, injustamente tratados o cuando se nos impide conseguir nuestros deseos.

¿Es corriente la ira? ¡La ira es una emoción muy común! Pero cómo gestionamos esta emoción explosiva varía mucho de persona a persona, ¡y marca la diferencia!

Las señales físicas de la ira. Cuando nos enfadamos, se dispara el reflejo de «huir o agredir»: la ira genera un subidón de hormonas estresantes, el cerebro dirige más sangre a los músculos preparados para actuar, respiramos más deprisa, sube la presión arterial, transpiramos...

La ira puede ser una emoción útil y positiva. La ira puede ser beneficiosa cuando es el germen de la justicia social, porque nos da fuerzas para defender aquello en lo que creemos, o de lo que somos responsables.

Hazlo tú mismo

Como Los Atrevidos, ¡haced un **sándwich de la paz** con vuestras estrategias favoritas! Esta actividad puede adaptarse a cualquier emoción o habilidad: ¿quieres hacer un sándwich del respeto, o tal vez un sándwich variado, con las emociones que se te han mezclado en ese momento?

Papel certificado por el Forest Stewardship Council®

MIXTO
Papel procedente de fuentes responsables
FSC® C117695

Primera edición: octubre de 2018

Travessera de Gràcia, 47-49. 08021 Barcelona

Printed in Spain - Impreso en España

ISBN: 978-84-488-5127-9
Depósito legal: B-16.591-2018

Diseño y maquetación: Araceli Ramos
Impreso en Soler Talleres Gráficos
Esplugues de Llobregat (Barcelona)

BE51279

Penguin
Random House
Grupo Editorial